AF359968

DISCOURS

SUR

LE PROGRÈS DES CONNAISSANCES

DE

GÉOMÉTRIE ET DE MÉCHANIQUE,

DANS LA CLASSE INDUSTRIEUSE.

Le produit de la vente de ce discours sera versé dans la caisse formée *pour l'extinction de la mendicité* dans Paris.

PARIS — IMPRIMERIE DE FAIN,
Rue Racine, nᵘ. 4, place de l'Odéon.

DISCOURS

SUR

LE PROGRÈS DES CONNAISSANCES

DE

GÉOMÉTRIE ET DE MÉCHANIQUE,

DANS LA CLASSE INDUSTRIEUSE;

PRONONCÉ POUR L'OUVERTURE DU COURS DE GÉOMÉTRIE ET DE MÉCHANIQUE APPLIQUÉES AUX ARTS, A L'AMPHITHÉATRE DU CONSERVATOIRE DES ARTS ET MÉTIERS, LE DIMANCHE 25 JANVIER 1829;

PAR LE BARON CHARLES DUPIN,

MEMBRE DE L'INSTITUT ET DÉPUTÉ.

PARIS.

BACHELIER, LIBRAIRE, Succr. DE Mme. Ve. COURCIER,
QUAI DES AUGUSTINS, N°. 55.

1829.

DISCOURS

LE PROGRÈS DES CONNAISSANCES

DE GÉOMÉTRIE ET DE MÉCHANIQUE,

DANS LA CLASSE INDUSTRIEUSE.

MESSIEURS,

Il y a dix ans que nous avons commencé, pour l'instruction de la classe industrieuse, l'enseignement des connaissances mathématiques appliquées aux arts.

Durant ce long intervalle, nous avons constamment réfléchi sur les moyens de donner à cet enseignement la plus grande utilité pour l'industrie et pour les hommes dont elle réclame les travaux, non-seulement au sein de la capitale, mais dans toutes les autres cités du royaume.

Nous avons été chargé de former des professeurs pour les villes où l'autorité municipale, justement pénétrée de l'avantage d'une industrie éclairée par la science, manifesterait le désir de posséder le nouvel enseignement de la géométrie et de la méchanique appliquées aux arts.

Nous avons redoublé d'efforts pour disposer dans un ordre méthodique, et présenter sous des formes faciles, l'ensemble des connaissances qu'il importe de répandre.

Nous avons dû fixer d'abord le cadre dans lequel il convenait de nous renfermer. Rappelons à cet égard nos observations et nos vues.

On remarque avec justesse, que les seuls hommes doués d'une raison forte et d'une imagination étendue, peuvent faire de grands progrès dans l'étude de la géométrie et de la méchanique, pour accroître de ce côté les conquêtes de l'intelligence humaine.

On en conclut qu'une étude pareille doit être réservée aux talents supérieurs, et ne pourra jamais devenir l'apanage de tout un peuple.

Sans doute, si l'on voulait enseigner à des classes entières de la société les conceptions les plus profondes des géomètres et des analystes, on échouerait dans un tel projet.

Mais ce n'est pas de ce point de vue, trop élevé, qu'il faut considérer l'enseignement des sciences mathématiques, en faveur des classes industrieuses.

Ces théorèmes abstraits, ces relations étendues, ces généralités, dont l'intelligence repose sur la connaissance précise et complète d'un grand nombre de vérités élémentaires et de rapports particuliers, laissons-en la recherche et la découverte aux esprits éminents, qui, même chez les peuples les plus éclairés, les plus amis de la science, se font remarquer en si petit nombre.

Il est, dans la géométrie et dans la méchanique, certaines vérités élémentaires, palpables, fécondes, qui sont les premiers et les plus simples rapports des dimensions, des mouvements et des forces. Voilà les vérités dont il importe que chacun se rende un compte raisonné. Notre repos, notre action sur ce qui nous entoure, et l'action de tous les objets sur notre être, sont soumis à ces lois de l'étendue, de l'équilibre et du mouvement ; le temps s'écoule en mesurant la durée de ces phénomènes de tous les lieux et de tous les moments, suivant des lois qui règlent l'ordre physique des effets mêmes que nous croyons fortuits et sans harmonie , dans les œuvres de la nature et dans les travaux de nos arts.

Guider l'homme et son labeur, pour qu'il soit ainsi conduit vers un but utile et certain , par la nécessité des rapports que la science révèle, voilà la marche la plus fructueuse, et j'ajouterai, voilà le seul moyen qui puisse convenir aux grands progrès de l'industrie.

Sans doute l'industrie , abandonnée à ses simples ressources de pratique, peut approcher plus ou moins de son but, par des tâtonnements, par des essais informes. Mais, dans ces tentatives imparfaites, si l'homme ne s'écarte point trop de la vraie route, c'est qu'il a pour guide un sentiment vague et confus des vérités rigoureuses et des méthodes précises qui pourraient, dans l'étude des arts, le conduire à la fois plus sûrement et plus rapidement vers le terme de la perfection , vers ce terme dont il trouve en lui la prévision vague et le besoin.

Pour obtenir de grands et prompts résultats dans le développement de l'industrie d'un peuple, je l'ai dit, je le redis encore , il faut répandre avec largesse, et ces vérités élémentaires et ces méthodes fondamentales qui réunissent à la fois la simplicité, la rigueur et la facilité.

Remarquons, en effet, que les pratiques de l'industrie les plus importantes pour le développement de la richesse nationale, peuvent en général être éclairées par des théories élémentaires et faciles à comprendre. Les admirables travaux de Coulomb, qui ont jeté de vives lumières sur le calcul des machines et des résistances qu'elles présentent, sur les emplois variés et comparés de la force de l'homme, et sur beaucoup d'autres sujets; ces travaux, dis-je, sont généralement remarquables par la facilité, la simplicité des moyens scientifiques employés pour éclairer, pour diriger l'expérience et la pratique. C'est un modèle de la science qu'il importe de compléter et d'enseigner.

Afin de composer un cours normal qui convînt aux besoins généraux de l'industrie, j'ai choisi, dans les principes et dans les méthodes de la géométrie et de la méchanique, tout ce qui m'a paru susceptible d'applications fréquentes et d'un grand intérêt pour nos arts habituels, et pour les simples usages de la vie. J'ai rapproché ces principes de

leurs applications variées, et surtout de celles
qui nous sont familières à tel point que nous
ne soupçonnons pas même une pareille application. La variété de ces applications, l'utilité
palpable des résultats, ont un attrait particu-
lier, qui fait disparaître l'aridité des conceptions abstraites et des démonstrations pure-
ment rationnelles et générales. L'esprit trouve
un plaisir vif et toujours nouveau, dans cette
explication des vérités par les faits, et des
faits par les vérités; dans cette importance
donnée aux pratiques de l'industrie, par les
principes mathématiques qu'elles renfermaient
à notre insçu, et qu'on nous révèle tout à
coup; enfin, dans cette utilité donnée aux
conceptions de la théorie, lorsque la théorie
fournit des méthodes qui font approcher du
but plus aisément que la simple routine, qui
n'exige aucun effort de la pensée.

Voilà l'attrait naturel et facilement saisissa-
ble auquel est dû le succès de la nouvelle
manière d'enseigner la géométrie et la méchanique, en rendant leur étude inséparable des
applications aux arts.

Une autre source d'intérêt s'est jointe à celle
qui vient d'être indiquée. Nous n'avons pas
cru devoir séparer les applications aux beaux-

arts, des applications aux arts méchaniques :
ce rapprochement, au contraire, a présenté
plusieurs avantages. Il n'est peut-être aucun
art méchanique où des notions raisonnées
sur les principes du goût, des convenances,
de la grâce et de la beauté, n'exercent une
heureuse influence. Les idées d'utilité pren-
nent pour nous un nouveau charme, quand
elles offrent une alliance naturelle avec de
tels principes; ces principes eux-mêmes peuvent être en grande partie expliqués ou dé-
montrés par des notions empruntées aux
sciences du mouvement et de l'étendue.

Ainsi, les applications de la géométrie et de
la méchanique sont à la fois rendues plus
variées et moins arides; leur étude devient
commune à l'artiste et à l'artisan. Par une
alliance doublement utile, elles offrent aux
personnes qui cultivent les beaux-arts, les
moyens d'appliquer les méthodes du raison-
nement aux découvertes de l'imagination; elles offrent aux personnes qui cultivent les arts
méchaniques et les arts libéraux les moyens
d'embellir avec sagesse et les résultats machi-
naux de leurs mouvements géométriques, et
les résultats méthodiques de leurs travaux rai-
sonnés.

Un jour, disions-nous, il y a bientôt trois années, un jour viendra qu'aux humanités, qui sont la base littéraire de toute éducation libérale, on joindra l'étude facile de la géométrie et de la méchanique appliquées aux arts. Depuis que l'industrie a reçu et reçoit sans cesse les bienfaits de ces deux sciences, depuis que cette industrie est devenue un puissant élément de bien-être et d'opulence pour les particuliers, de crédit et de puissance pour les gouvernements, de prospérité pour les nations, la connaissance des moyens généraux de l'industrie et d'une théorie nouvelle qui la conduit sûrement à ces grands résultats, cette connaissance ne peut plus rester indifférente aux citoyens éclairés ; elle se place au rang des notions fondamentales sur lesquelles l'homme public doit asseoir ses principes, ses actes et ses desseins.

Aujourd'hui, Messieurs, ces vérités, par degrés répandues dans les diverses classes de la société, sont reconnues par tous les bons esprits, et trouvent faveur auprès de l'autorité. Le ministère de l'instruction publique commence à les accueillir ; il songe à fonder des écoles où les sciences appliquées aux arts aient un développement en rapport avec leur importance. Déjà même il veut, dans la capitale de la Lorraine, faire un essai de ce genre. Nous osons prédire le succès de cette tentative dont la seule pensée fait honneur au ministre qui l'a conçue.

Les écoles que nous indiquons ici seront plus particulièrement consacrées aux enfants des familles qui possèdent assez d'aisance pour subvenir aux dépenses de l'instruction secondaire. Notre plus vive sollicitude a dû se reporter vers les enfants des familles qui ne pourraient faire face à des dépenses de ce genre, et qui cependant ont un besoin indispensable de connaissances exactes, pour donner de la précision à leurs mouvements et de l'économie à leurs travaux.

Lorsque nous avons voulu propager dans les classes laborieuses des villes départementales l'enseignement des sciences mathématiques appliquées aux arts, nous avons trouvé, par une contradiction singulière, les artistes et les artisans beaucoup mieux disposés à l'étude de la méchanique qu'à l'étude de la géométrie qui pourtant en est la base indispensable et qui seule peut donner l'intelligence de la méchanique. Arrêtons-nous sur cette singulière inconséquence.

Lorsque les personnes adonnées aux *arts méchaniques* entendent dire qu'elles peuvent, avec un grand avantage, étudier la science qui porte le nom même de *méchanique*, cette communauté de noms les frappe et porte la conviction dans leur esprit.

La géométrie n'ayant pas, comme la méchanique, tiré son nom d'une classe nombreuse d'arts utiles, la plupart des hommes qui cultivent ces arts ont peine à concevoir que la géométrie puisse leur rendre quelque service. Ils consentiront volontiers à faire des efforts d'attention pour apprendre les principes de la méchanique; ils n'entreprendront qu'avec peine, et presque avec répugnance, l'étude préliminaire et fondamentale de la géométrie; étude qu'ils regardent comme une espèce de luxe, relativement à leurs professions respectives.

En général, on ne croit susceptibles de recevoir les applications de la géométrie, que les arts où l'on fait un fréquent usage de la règle, de l'équerre et du compas : instruments qu'on regarde comme inséparables de la science de l'étendue. Mais, borner la géométrie aux formes élémentaires qu'on trace avec ces trois instruments, ce serait infiniment restreindre le domaine de la science dont nous voulons énumérer les avantages; ce serait en exclure une grande partie des beaux-arts, des arts libéraux et même des arts méchaniques.

La géométrie embrasse tous les moyens d'étudier, de mesurer, de comparer et de produire des étendues, des superficies, des volumes et des capacités. Or, il n'existe aucun produit d'industrie qui n'ait une étendue, une surface, un volume, et, s'il est creux, une capacité. Ainsi, tous les travaux humains ont des relations nécessaires avec la géométrie.

Pour nous élever à la conception la plus générale de cette science, nous dirons : Toutes les mesures de dimensions, tous les moyens employés pour produire des formes demandées, tous les rapports de symétrie, tous ceux d'analogie et de variété, dans les positions, les contours et les courbures, appartiennent à la géométrie.

Au lieu de nous perdre en considérations générales, plus ou moins vagues et peu faites pour frapper les esprits qui s'adonnent à d'utiles travaux, il nous a semblé plus facile et plus convaincant à la fois, de passer en revue un grand nombre d'arts, et d'indiquer, en peu de mots, l'étendue et le genre des services qu'ils peuvent retirer de la géométrie. Bannissant tout artifice, nous avons présenté ces arts dans le simple ordre alphabétique de leur dénomination.

Dans un petit ouvrage ayant pour titre : *Tableau des arts et métiers et des beaux-arts*, présenté pour servir à propager l'institution des cours de géométrie et de méchanique appliquées aux arts dans les villes de France, nous avons fait l'énumération raisonnée de cent trente-quatre professions dont chacune emprunte à la géométrie quelques vues, quelques tracés, quelques moyens d'exécution. Ainsi que nous l'avons fait voir, au sujet d'un grand nombre de ces arts, si les applications qu'ils reçoivent de la géométrie sont encore très-bornées, le véritable moyen de donner à ces mêmes arts un plus grand développement, une perfection nouvelle, c'est d'imaginer une application nouvelle aussi de la géométrie, à ces branches de notre industrie. Si vous réfléchissez sur le grand nombre de métiers qui sont professés, non-seulement dans les cités qu'on appelle, par excellence, manufacturières, et qui souvent doivent ce nom à deux ou trois arts dans lesquels chacune excelle, mais aussi dans les autres cités, vous verrez que toutes les villes, sans exception, possèdent un grand nombre de professions auxquelles la géométrie peut être utile ; vous verrez que plus l'industrie d'une cité se trouve encore dans l'enfance, plus elle a d'intérêt à demander les secours de la géométrie et de la méchanique, pour accélérer les progrès d'une industrie trop tardive, et se hâter d'entrer en lice, afin d'égaler un jour les cités les plus industrieuses.

Si l'on prenait le total des individus qui se livrent aux diverses professions qu'on peut énumérer, on trouverait que, sur 32,000,000 de personnes que contient la France, il en faut compter au moins 22,000,000 des deux sexes qui se livrent à des travaux utiles ; dans ce nombre, 18 à 20,000,000 ont un besoin journalier de quelques méthodes géométriques. Sans doute il serait absurde de prétendre que ces 20,000,000 de personnes doivent toutes acquérir des connaissances très-étendues, soit en géométrie, soit en méchanique. Mais il serait avantageux que la plupart d'entre elles en possédât des notions un peu moins fausses, un peu moins bornées. Il faut que chacun tende à recu-

ler , à rectifier les limites de ses connaissances.
Nous sommes loin de l'époque où l'on pourrait
trouver qu'un trop grand nombre d'hommes
laborieux sont éclairés par le flambeau de la
science. Si , des 20,000,000 de personnes auxquelles la géométrie est appelée à rendre quelques services, 20,000 seulement faisaient chaque année une étude sérieuse de cette science,
ce ne serait encore qu'un individu pour 1000 ,
que 10 individus par population de 10,000 âmes;
et pourtant ce serait déjà beaucoup, en com-
paraison du petit nombre de personnes qui
cultivent aujourd'hui les sciences d'où peuvent
jaillir, en leur faveur, tant de sources de
prospérité.

Déjà ces vérités peuvent sembler évidentes
et vulgaires au sein de la capitale et dans beaucoup d'autres cités : cela nous prouverait du
moins qu'elles sont généralement comprises
et reçues. Cependant, combien n'a-t-il pas
fallu d'efforts pour persuader, d'un côté , la
classe ouvrière, et de l'autre, les autorités
locales ! Nous en donnerons quelque idée en
disant qu'il existe plusieurs villes et même
des ports de mer, où malgré toutes les explications que nous avons pu présenter, les
conseils municipaux ont pris des déliberations

formelles pour décider officiellement que la géométrie et la méchanique appliquées aux arts ne peuvent pas rendre de services à leur ville et à leur port ; la dernière de ces délibérations n'a pas encore six mois de date !

Heureusement, messieurs, les localités où l'on proclame de la sorte l'inutilité des sciences appliquées à l'industrie, sont extrêmement peu nombreuses.

Dans plus de cent villes de France, après quelques leçons d'arithmétique, les esprits se sont trouvés suffisamment préparés pour étudier la géométrie appliquée aux arts, toutes les fois qu'on a voulu la présenter dans toute sa simplicité, sans vaine ambition de science abstraite, et avec l'intérêt si puissant que font naître des applications variées, utiles et frappantes par leurs résultats.

A mesure que la géométrie devient familière dans nos cités industrieuses, l'enseignement de la méchanique y devient possible, et de moins en moins difficile.

Nous avons eu le bonheur d'obtenir la propagation des sciences appliquées aux arts en faveur de la classe ouvrière, dans un temps où beaucoup de personnes avaient lancé l'anathème contre l'instruction populaire, dans un temps où l'enseignement mutuel était proscrit pour le double motif que c'était une méthode nouvellement introduite, et qu'elle était trop rapide.

Les moyens que nous avons employés pour obtenir grâce en faveur de l'enseignement que nous voulions propager, ont été simples et puisés dans les travaux mêmes de l'industrie.

Quatre ministres devaient visiter la fabrique de machines la plus considérable que la France possédât en 1825. Le professeur de mécha-nique industrielle se chargea d'expliquer au ministre de l'intérieur les grandes opérations qu'on avait préparées pour leurs excellences : il eut soin, pour chaque espèce de travaux, d'indiquer les connaissances théoriques néces-saires à l'exécution la plus parfaite : « *Remar-*
» *quez*, disait-il en terminant chaque explica-
» tion, *que l'artiste chargé de ce travail est*
» *un Anglais. Quant à ces autres hommes*
» *que vous voyez occupés comme des ma-*
» *nœuvres à porter des fardeaux, à balayer*
» *des ateliers et des cours, il faut le dire*
» *avec douleur, ce sont des Français :* leur
» ignorance actuelle les condamne à ces tra-
» vaux. Qu'on les forme par un bon ensei-

» gnement, ils égaleront, et bientôt, nous de-
» vons l'espérer, ils surpasseront l'étranger. »
Le ministre parut frappé : il demanda de plus
amples renseignements, et reçut un mémoire
spécial qui porta la conviction dans son esprit.
Alors il fit écrire une circulaire pour au-
toriser l'établissement des cours de géométrie
et de méchanique appliquées aux arts, d'après
le cours normal de Paris, dans les villes industrieuses où l'autorité municipale jugerait
convenable d'en faire toute la dépense.

Le ministre de la marine, M. le comte
de Chabrol, a beaucoup plus fait pour
l'enseignement industriel, que d'accorder
aux municipalités la permission de l'établir à
leurs frais; il a voulu que les leçons de géométrie et de méchanique appliquées aux arts
fussent données par les quarante-quatre professeurs d'hydrographie et de navigation, dé-
pendants de son ministère, dans les ports mi-
litaires et dans les ports du commerce.

Je me fais un devoir aujourd'hui de vous
rappeler les services rendus à l'enseignement
de la géométrie et de la méchanique appliquées
aux arts, par un ministère qui n'est plus, avec la
même sincérité et la même indépendance que
vous m'avez vu, sous ce ministère, lorsqu'on

2*

inaugura l'amphithéâtre où j'ai l'honneur de vous donner mes leçons, rappeler sans crainte tous les services qu'a rendus aux fabriques, à l'agriculture et au commerce, l'administration éclairée de M. le duc de Cazes, fondateur de l'enseignement du conservatoire.

J'ose espérer, Messieurs, que toujours nous serons fidèles à cette équité, qui ne veut consulter ni les temps, ni les fluctuations du pouvoir, pour y proportionner les fluctuations de ses hommages éphémères.

Qu'il nous soit permis maintenant de rappeler quelques-unes des vérités fondamentales que nous avons exposées et propagées pour l'instruction et le bien-être de la classe ouvrière.

L'étude des propriétés de l'étendue, celle du mouvement et des forces de la matière, en un mot, l'étude des rapports et des lois de la géométrie et de la méchanique appliquées aux travaux matériels de toutes les professions, forment sans doute un sujet d'une haute importance. Cependant ce sujet même nous paraît moins important encore qu'une autre étude à peine ébauchée, et dont nous avons essayé de reculer par degrés les limites.

On s'est occupé beaucoup de perfectionner les machines, les instruments, les outils matériels dont l'ouvrier fait usage dans les arts méchaniques; on s'est à peine occupé des moyens de perfectionner l'ouvrier même; et pourtant, ne fût-il considéré que comme un instrument, un outil, un moteur, il devrait être mis au premier rang entre tous les instruments, entre tous les agents méchaniques; parce qu'il a l'avantage inappréciable d'être un instrument qui s'observe et se corrige lui-même, un moteur qui s'arrête, qui se meut au gré de sa propre intelligence, et qui se perfectionne par la pensée non moins que par le travail.

Nous avons donc cherché toutes les voies, toutes les occasions d'éclairer la classe ouvrière, pour lui montrer les moyens de vivre, d'agir et de travailler avec plus d'ordre, de méthode, d'adresse, de sobriété, d'économie, d'application, de réflexion et de savoir. Voilà, nous osons le dire, la partie la plus essentielle de notre enseignement, celle qui en forme le caractère distinctif, et qui peut-être l'a rendu recommandable aux vrais amis des prospérités et du bonheur de notre patrie.

Au lieu d'exciter follement l'ambition des

industriels, en leur montrant la possibilité d'acquérir des connaissances avec lesquelles ils pourraient facilement quitter leur état, et mépriser leur profession première, nous avons dirigé vers un meilleur but, le désir si naturel à l'homme d'améliorer son sort, et d'acquérir aux yeux de ses concitoyens une plus haute considération ; nous avons cherché cette considération croissante dans le progrès même des connaissances nécessaires pour améliorer chaque industrie.

Nous avons fait voir à la classe ouvrière par quel progrès naturel, à mesure que l'industrie d'un peuple devient plus éclairée et plus parfaite, les fabrications et les mouvements de l'industrie acquièrent une précision qui s'approche davantage des conceptions rigoureuses de la géométrie et de la méchanique. Nous avons montré comment, pour avancer vers un tel but, les arts sont obligés d'emprunter à ces deux sciences des notions de plus en plus développées, et des méthodes d'approximation de plus en plus sévères ; ce qui rend par degrés nécessaire à tous les arts méchaniques une étude de ces deux sciences, étude qu'il faut pousser plus loin chaque fois que les industries se perfectionnent.

A mesure qu'on veut obtenir avec l'aide de la science plus de précision dans les travaux des arts, il faut donner à l'homme des moyens d'apprécier cette précision croissante : c'est ce qu'on fait par l'éducation des sens. Nous avons cherché, nous avons expliqué par quels moyens on peut rendre les sens principalement utiles à l'industrie, les sens de l'ouïe et de la vue, de meilleurs instruments de mesure. C'est faire concourir le perfectionnement de l'homme même au perfectionnement des professions qu'il a créées pour les besoins ou pour l'ornement de la société.

Dans ces progrès inséparables de ceux d'une vraie civilisation, des métiers grossiers deviennent des arts qui se perfectionnent de plus en plus, et qui sont placés à la fin parmi les professions distinguées sous les noms d'arts libéraux ou de beaux arts.

Nous avons montré cette marche fortunée de l'industrie française depuis le moyen âge jusqu'à nos jours ; nous en avons indiqué la continuation pour les temps à venir, comme un but digne de vos efforts et de votre ambition. En marchant vers un tel but, vous rendrez de très-grands services à l'industrie , à vous-mêmes , à la société toute entière. Vous accroîtrez de plus en plus le savoir , la fortune , l'indépendance et la dignité d'autant de classes de cette industrie. Vous multiplierez le nombre des emplois où les hommes peuvent donner un grand exercice à leurs facultés intellectuelles. Ainsi s'accroîtra la partie éclairée et pensante des hommes laborieux. En devenant plus nombreux , plus riches , plus respectables , ils deviendront aussi plus respectés ; et la place occupée par ces hommes utiles s'élèvera sans obstacles vers un degré d'estime et de considération , réclamé par les progrès de nos connaissances et par le besoin du bon ordre social.

Tout en admettant la nécessité de l'instruction des maîtres d'atelier et des principaux chefs de travaux industriels , beaucoup de personnes aimaient à se figurer qu'il suffirait de réserver pour cette partie supérieure des classes laborieuses , le travail de la pensée et les avantages de l'instruction procurée par l'application des sciences aux arts. Nous nous sommes appliqué à détruire cette funeste erreur, non-seulement par des raisons générales qui ne convainquent pas même en totalité le petit nombre des personnes capables de les apprécier, mais par des faits et par des faits observés sur un très-grand nombre d'hommes et sur un vaste territoire ; afin d'atténuer, d'effacer en quelque sorte dans l'ensemble des conséquences, les anomalies que peuvent présenter quelques causes particulières. Nous avons pris pour exemple la France entière, qui compte trente-deux millions d'habitants et trente-deux mille lieues quarrées ; nous avons fait avec soin le rapprochement des connaissances premières données à la masse de la population, avec le progrès des arts, des sciences et des lettres, dans chacun de nos départements.

Nous avons signalé la différence déplorable que présentent de vastes parties du royaume, comparées à d'autres parties, quant à la proportion des individus du peuple qui savent seulement écrire ou lire, et des individus qui n'ont pas même ces premières connaissances. Il nous a semblé qu'un tableau synoptique où ces principales différences seraient mises en relief et rendues frappantes à la vue, aurait un grand avantage. D'après cette idée, nous avons représenté par des teintes claires les départements où la majeure partie des classes industrieuses sait écrire et lire, et par des teintés de plus en plus foncées, les départements où c'est au contraire la plus grande partie des classes industrieuses qui ne connaît ni l'écriture, ni la lecture. C'est pour l'enseignement du conservatoire que nous avons dressé cette carte, et c'est ici que nous en avons, pour la première fois, expliqué publiquement le principe et les conséquences. Vous avez vu, grâce à la supériorité d'instruction primaire dans la France du nord, quelles autres supériorités s'ensuivent dans les arts et dans les sciences, dans la richesse privée et dans les revenus publics.

En comparant trente-deux départements situés au nord et cinquante-quatre situés au midi, nous avons signalé les résultats suivants :

Dans le nord, sur 13 millions d'habitants, 741,000 enfants mâles sont envoyés à l'école.

Dans le midi, sur 18 millions d'habitants, 376,000 enfants sont envoyés à l'école.

Dans le nord, 13 millions d'habitants ont assez d'industrie pour payer plus de 15 millions de patentes.

Dans le midi, 18 millions d'habitants ne paient pas 10 millions de patentes.

En 34 années, dans le nord, 13 millions

d'hommes ont produit des inventions suffisantes pour 1,689 brevets d'invention ; dans le midi 18 millions d'hommes n'ont produit des inventions que pour 413 brevets.

Pour diriger l'industrie des travaux publics, en treize ans, 13 millions d'habitants du nord ont envoyé 1,233 élèves à l'École Polytechnique ; 18 millions d'habitants du midi n'ont envoyé que 700 élèves.

Dans une exposition des produits de l'industrie, les 13,000,000 d'habitants du nord ont obtenu 293 médailles de bronze, d'argent et d'or ; les 18,000,000 d'habitants du midi n'en ont obtenu que 107.

Nous avons ensuite, comparé l'instruction populaire, et l'industrie et ses inventions, et la science, parmi les départements méridionaux, entre ceux où l'instruction populaire est le plus avancée, et ceux où elle est encore le moins avancée. Partout nous avons fait voir cette admirable alliance qui subsiste entre les grands progrès des industries les plus délicates, des arts les plus raffinés, des sciences les plus sublimes, et la propagation de l'instruction populaire envisagée dans son premier degré.

Ces comparaisons, ces résultats ont excité

de vives réclamations. Vainement nous avons
eu soin d'annoncer que les bases de notre
travail reposaient sur des documents officiels.;
les départements représentés par des teintes
obscures nous ont presque regardé comme
coupable à leur égard; ils nous ont accusé
d'avoir produit et pour ainsi dire imaginé des
teintes qui représentent uniquement le résultat d'une inspection officielle faite par
l'université. Beaucoup de départements ont
prétendu qu'ils avaient plus d'instruction primaire que notre carte n'en faisait supposer,
qu'ils avaient plus d'industrie, et qu'ils avaient
aussi moins d'infériorité dans les sciences et
dans les arts que nous ne l'avions supposé.
Si nous avions en effet commis à la fois ces
deux erreurs, nos principes restaient exacts.
Pour qu'on nous eût vraiment réfuté, il
aurait fallu prouver que tel département,
avec moins d'ignorance primaire, a plus d'ignorance dans toutes les autres parties des connaissances humaines; voilà ce qu'on n'a pas
pu démontrer.

Quoi qu'il en soit, par le seul effet d'une
représentation graphique et de quelques rapports numériques, loin qu'on ait osé conti-
nuer à déclarer pernicieuse l'instruction des

ouvriers, et par conséquent à proclamer comme un titre de prospérité sociale, l'ignorance de la classe ouvrière, les départements les moins avancés se sont excusés à l'envi. Ainsi qu'on vient de le dire, beaucoup d'entre eux ont récriminé pour montrer qu'ils étaient plus avancés qu'on ne l'annonçait, ou que des raisons physiques les empêchaient d'avoir fait plus de progrès.

Je viens de visiter avec un grand soin 25 départements de la France méridionale ; quelques-uns moins avancés tels que ceux de la Bretagne, quelques autres plus avancés tels que ceux du Gard, de l'Hérault, de l'Isère, du Tarn, de la Gironde et des Bouches-du-Rhône. Partout j'ai trouvé réalisée la relation nécessaire à laquelle j'avais été conduit par des inductions statistiques, entre l'instruction primaire, et les prospérités sociales, et le progrès des sciences et des arts.

Un admirable succès obtenu ce mois même, dans l'un des départements du sud-est de la France, où l'instruction primaire est le plus répandue, vient de montrer combien la diffusion de cette instruction rend la classe ouvrière apte aux études de la géométrie et de la méchanique appliquées aux arts. Nous avons eu le bonheur d'obtenir qu'on donnerait à des hommes pleins de talents et de zèle, l'autorisation et les facilités nécessaires pour professer, sans rétribution, l'enseignement industriel, aux habitants de Grenoble. Un professeur du collége royal, un ingénieur des mines, ancien élève de l'Ecole Polytechnique, un conducteur des ponts et chaussées, ancien élève de Châlons, ont entrepris cette tâche honorable ; cet hyver même ils ont ouvert leurs cours, et ces cours sont suivis, chaque soir, par cinq cents auditeurs. Voilà, Messieurs, un succès digne de l'illustre province du Dauphiné, si justement célèbre pour les esprits supérieurs, pour les mâles courages qu'elle a produits et pour les sentiments généreux dont est animée son énergique, laborieuse et persévérante population. Aujourd'hui même, dans quatre autres cités de cette province, à Valence, à Romans, à Vienne, à Bourgoin, d'excellents citoyens s'occupent des moyens de procurer aux classes laborieuses le bienfait de l'enseignement industriel. A Valence, les professeurs de l'école d'artillerie avaient obtenu des succès dignes d'éloges dans cet enseignement ; bientôt après l'école d'artillerie fut supprimée. Mais il se trouve aujourd'hui qu'un habitant de Valence a développé, fortifié son esprit et son caractère à l'École Polytechnique; il a suffi de lui dire un mot pour qu'il offrît généreusement ses services, son talent et son zèle; et les habitants de Valence vont recevoir de nouveau les leçons des sciences appliquées aux arts; bientôt, je l'espère, cet exemple sera suivi dans Romans, dans Vienne, dans Bourgoin et dans Montélimart. Voilà l'élan, voilà le vrai patriotisme des savants, des ingénieurs, des artistes et des ouvriers de l'une des provinces les plus éclairées de la France. Quand même les mille lieues que je viens de faire n'auraient eu d'autre résultat que de hâter pour le Dauphiné l'institution des cours industriels, dans les cités que je viens d'énumérer, je me croirais trop payé des sacrifices et des fatigues de mon voyage.

Je voulais étudier les dispositions, apprécier le zèle des habitants du midi pour la culture des sciences et l'exercice des arts. Presque partout j'ai trouvé les signes manifestes d'une impulsion irrésistible vers les améliorations physiques et vers le développement de la pensée. Voilà le spectacle que j'ai long-temps avidement contemplé et dont j'essaierai de présenter le tableau, comme un monument de gloire nationale et surtout comme un grand sujet d'espérance pour l'avenir de notre patrie.

En entreprenant mon voyage, un objet de la plus haute importance à mes yeux était d'étudier le sort de la classe ouvrière, dans les différentes provinces que j'ai parcourues. Là, j'ai trouvé confirmée par des faits irrécusables et nombreux, la relation nécessaire entre les progrès de la méchanique et de la géométrie appliquées effectivement aux arts, et le bien-être des classes laborieuses.

Au centre de la Bretagne, en ces campagnes où l'ignorance de la langue française ôte à l'habitant tout moyen d'instruction, rien n'est plus misérable que l'existence du peuple, quoiqu'il cherche l'amélioration de son sort en occupant, au filage du chanvre, au tissage des toiles, les moments que n'absorbe pas l'agriculture. Le Breton n'a pas perfectionné ses procédés méchaniques de filage et de tissage; tandis qu'en Angleterre, en Écosse, en Irlande même, en Hollande, en Belgique, en Silésie, ces arts ont fait des progrès. Par une conséquence nécessaire, les tissus de ces contrées étrangères étant produits à meilleur marché que les tissus de la Bretagne, ces derniers sont repoussés des marchés extérieurs; et, sur notre territoire, il faut recourir à la triste mesure des droits de protection, pour empêcher que les toiles fabriquées par nos rivaux n'obtiennent la préférence. Mais peut-être, dira-t-on, les Bretons veulent gagner trop d'argent et reçoivent des salaires trop élevés; hélas! au contraire, ils reçoivent à peine des salaires qui suffisent à leur demi-nudité et à l'entretien de leurs chaumières presque démeublées. Tandis que l'Anglais, l'Ecossais, le Hollandais et le Silésien, sont mieux payés, mieux vêtus, mieux logés et mieux meublés : et cela parce qu'ils ont des méchaniques et des métiers moins imparfaits, mis en action par une classe ouvrière plus développée, par une classe ouvrière plus adroite et plus habile, parce qu'elle est plus éclairée.

On accuse les machines de réduire à la misère les ouvriers dont elles économisent le labeur; j'ai vu partout, au contraire, que dans nos départements, où l'on établit des machines puissantes, et mises en action par une sage intelligence, la classe ouvrière en devient beaucoup plus heureuse.

Je vous citais tout à l'heure la détresse des

Bretons, causée par l'imperfection de leurs moyens de tissage. Dans cette même Bretagne on voit quelques grands établissements, tels que les mines de Poullaouen et les forges de Lajoy, où des machines à vapeur ont la force que pourraient produire 1,500, 2,000 et 2,400 hommes. Ces machines ont-elles amené la misère dans les communes voisines des ateliers qui les renferment? Non, messieurs, les ouvriers Bretons formés aux travaux des mines de Poullaouen et des forges de Lajoy, sont beaucoup mieux vêtus, mieux nourris, mieux logés qu'ils ne l'étaient avant d'être appelés à prendre part aux opérations ayant pour principaux moteurs, ces machines si puissantes.

Dans la partie S.-O. de mon département, celui de la Nièvre, près des bords de cette rivière et de la Loire, la population agricole languit encore dans le plus déplorable état d'ignorance et de misère ; elle est apathique et chétive ; elle vit mal, et chaque automne elle est dévorée par la fièvre. Mais l'industrie a construit ses machines superbes à Guérigny, à Imphy, à Fourchambaud. Dans ces trois localités, les forces réunies du feu et de l'eau équivalent au travail de plus de 10,000 ouvriers.

Eh bien , c'est dans ces lieux mémes que la main-d'œuvre de l'homme a le plus de valeur; et c'est là que l'ouvrier jouit du sort le plus heureux. Ajoutons aussi que c'est là qu'on s'occupe le plus et le mieux à l'instruire. Il y a des écoles primaires dans les communes industrieuses de Guérigny, d'Imphy et de Fourchambaud; tandis que les communes circonvoisines, dépourvues d'industrie, sont toutes dans l'ignorance.

J'ai visité l'école de Fourchambaud; c'est une école mutuelle où le maître, le local, l'ameublement et le chauffage, sont défrayés par la générosité des propriétaires des magnifiques forges à l'anglaise établies en cet endroit, et mues par une machine ayant la force de 1500 hommes. Là sont réunis 80 enfants, non-seulement fils des ouvriers de l'établissement, mais enfants des trois communes circonvoisines, qui sont reçus gratuitement. L'une de ces communes est au delà de la Loire, et chaque jour, excepté dans les temps de glace ou de débordement, un bateau passe et repasse les enfants d'outre Loire pour leur procurer le bienfait de l'instruction.

A Toulouse, où d'antiques habitudes et

de funestes préjugés donnent encore à la moitié du peuple l'amour de l'oisiveté, l'on voit une foule d'adolescents privés d'occupation, et presque sans moyens d'existence; mais par degrés l'industrie les recueille, les instruit et les encourage avec une charité bien plus efficace que celle qui produit les hasards d'une aumône abrutissante; elle leur donne du travail et leur apprend un métier.

J'ai vu, sur les bords du Tarn, la puissante cataracte connue sous le nom de Saut-du-Sabot, mise à profit pour fournir une immense force motrice à la grande fabrique de Faulx, dont les propriétaires ont fait acquérir à la France cette belle et riche industrie. Les élèves de cette fabrique sont des jeunes gens recueillis parmi les indigents de Toulouse; ils acquièrent une existence honnête, justement méritée par la rapidité de leurs succès. Le jour même où j'ai visité l'établissement, un de ces jeunes gens venait de réussir à fabriquer au martinet une faulx dont le dos est à double côte : chose qu'aucun ouvrier français, allemand même, excepté les Styriens, n'avait encore pu faire; et ces faulx sont tellement estimées, que leur prix surpasse le double du prix des faulx ordinaires. Le résultat que nous citons est d'autant plus remarquable, que l'artiste, auteur de ce véritable chef-d'œuvre, n'avait pas encore achevé le temps fixé pour son apprentissage. Voilà quelles sont, pour les travaux méchaniques, les dispositions que manifestent les ouvriers du midi, lorsqu'ils sont habilement instruits, et lorsque excités par l'émulation, ils trouvent le bien-être dans les travaux de la grande industrie.

La population de Toulouse et des bords de la Garonne inférieure, animée par toute la chaleur d'âme qui caractérise les races du midi, riche d'imagination, est douée d'une organisation sensible aux beaux-arts ; elle apprend avec une facilité rare le dessin dans tous les genres ; elle est musicienne sans étude, comme une population florentine ou vénitienne ; elle fait entendre aux jours de fête, aux heures du repos, des chants en parties qui m'ont semblé dignes des compatriotes de l'Arioste et du Tasse. En même temps elle est apte aux études sévères, et quand on lui présente les hautes vérités de la science, elle s'émeut comme à l'aspect soudain d'une nouvelle et vive clarté ; elle applaudit, comme le ferait, au théâtre, un auditoire frappé par

de grandes pensées et par des images puissantes.

Instituteurs d'un tel peuple! jouissez du
bonheur d'avoir des élèves dont les sens et
l'intelligence se montrent si favorables aux
succès des beaux-arts et des arts utiles. Gardez
qu'on enfouisse un semblable trésor sous de
mortelles ténèbres; multipliez vos efforts;
unissez dans vos leçons les préceptes de la
raison aux enchantements du bon goût, et
vous développerez de plus en plus les facultés
d'un peuple qui rappellera quelque jour les
aptitudes variées et les succès multipliés des
populations de l'antique Hellénie.

Un exemple encore de progrès dignes d'ê-
tre admirés par les amis de ce bien-être populaire, nous est offert par le midi de la
France, dans le département du Tarn, au
fond des montagnes sauvages du Sidaubre,
situées à l'extrémité sud-ouest de la chaîne
des Cévennes. Là, des manufacturiers pleins
de courage ont taillé dans le roc un canal
long de 1,500 mètres, pour se procurer dans
un torrent irrégulier une prise d'eau con-
stante, et pour en faire le moteur d'une
grande filature. Le jour ouvrable où nous
avons visité cette filature, nous avons trouvé

85 jeunes personnes vêtues comme elles le sont au jour du dimanche; car c'était l'honneur qu'on avait voulu nous faire. Elles avaient toutes des robes blanches, et des rubans de soie blanche pour ceintures; leurs bonnets étaient ornés d'un semblable ruban, et garnis d'une dentelle. Ces jeunes personnes gagnaient par jour depuis 20 jusqu'à 3o sols. La manufacture existait depuis deux années, et lorsqu'on l'avait commencée, on avait pris toutes ces ouvrières parmi des fileuses de campagne, qui gagnaient par jour de 5 à 8 sols, qui n'avaient ni bas, ni souliers, ni bonnet, bien moins encore de rubans, et qui portaient la bure la plus grossière pour jupes et pour camisoles. Le jour même où nous eûmes le bonheur d'être témoin d'une aussi grande amélioration, les fabricants de Vabres, la petite ville industrieuse où se trouve située cette manufacture, ouvrirent par souscription deux écoles primaires gratuites, d'après la méthode de l'enseignement mutuel, une pour les filles et l'autre pour les garçons. *Nous voulons, dirent-ils, effacer la teinte trop noire dont est marqué notre département; nous voulons qu'à l'avenir pas un enfant de nos montagnes ne parvienne à l'âge d'homme sans avoir appris la*

lecture, l'écriture et le calcul. Je l'avouerai, cet admirable spectacle d'industrie et de civilisation, au milieu d'un site sauvage, où la nature est si marâtre, a laissé dans mon cœur une impression de bonheur qui ne s'effacera jamais. J'ai tâché d'en retracer une faible image, en sollicitant les secours du ministre de l'instruction publique, pour achever de défrayer le premier établissement des écoles mutuelles de Vabres. Je ne réclamais ce bienfait que pour 1829; mais M. de Vatisménil sait puiser à ces ressources du cœur, qui ne manquent jamais aux ministres amis du peuple; il a trouvé le moyen de donner, dès 1828, ce que j'avais demandé dans l'avant-dernier mois de cette même année. Je n'ai pas besoin d'ajouter le moindre éloge à cette générosité si gracieuse ; j'affaiblirais le mérite d'une bonne action.

Voyez, Messieurs, quelle heureuse affinité, quelle espèce de sympathie nous trouvons partout entre l'instruction du peuple et son bien-être, et les progrès de l'industrie. Cela vous expliquera parfaitement la haine indivise que les ennemis de l'industrie, les ennemis de l'instruction populaire et les ennemis du bien-être des classes laborieuses, font peser sur la

tête des hommes qui favorisent ces sources
fécondes des prospérités sociales. Vous com-
prendrez alors le fondement réel de leurs
inimitiés, de leurs injures et de leurs calom-
nies. Mais détournons nos regards de ce spectacle déplorable, que nous présentent les individus assez malheureux pour détester le bonheur de l'immense majorité des hommes qui
sont nés dans la même patrie, qui parlent la
même langue nationale, qui respectent les
mêmes lois et chérissent le même prince.

Ah ! pourquoi ne prennent-ils pas pour modèle l'admirable bienveillance et l'amour pa-
ternel du prince même qui régit notre pays?
Alors ils aimeraient en même temps et l'instruction des classes laborieuses, et l'industrie
éclairée qui fait le bien-être de ces classes!
Au lieu de s'efforcer d'enflammer les passions
de l'ouvrier contre nos plus grands produc-
teurs et contre les machines ingénieuses, qui,
seules, nous donnent le moyen de soutenir la
concurrence avec l'étranger, ils reconnaî-
traient, ils proclameraient le bienfait de ces
ressources de la méchanique ; ils pourraient
mieux faire encore, et, comme le Roi de
France, en visitant ces chefs-d'œuvre du génie industriel, tourner de leur main la ma-

nivelle qui procure un beau produit d'industrie : si ces Messieurs, toutes fois, ne
croyaient pas déroger en imitant cette bonté
d'un monarque.

Je voudrais qu'on suspendît dans cette en-
ceinte, des tableaux peints par nos artistes les
plus habiles, et représentant les scènes les
plus touchantes de l'intérêt témoigné par nos
princes aux travaux de l'industrie. Je voudrais
qu'on peignît la fabrique de Lille, où Sa Ma-
jesté daigna faire aller un métier de tissage.
Je voudrais qu'on peignît M. le Dauphin dé-
cernant aux industriels de Lorraine et du pays
Messin des récompenses et des encouragements;
Madame la Dauphine, dans les ateliers de
Saint-Étienne, allumant la poudre d'épreuve
d'une rangée de canons de fusils récemment
fabriqués ; et Madame la duchesse de Berry,
dans le palais du Capitole, remettant de sa
main, des médailles d'honneur aux ouvriers
de Toulouse, qui ont remporté les prix de la
géométrie et de la méchanique appliquées aux
arts. Ces peintures seraient plus éloquentes ;
elles parleraient mieux au cœur des enfants
de l'industrie, que nos phrases les plus artis-
tement arrangées ; ou plutôt nous puiserions
des inspirations dans ces tableaux où seraient

exprimés avec des couleurs pleines de vérité, la bienveillance, la libéralité véritable et le génie tutélaire pour la France, de nos princes et de nos princesses.

Pour achever, Messieurs, de payer notre dette envers les bienfaiteurs de l'industrie, nous n'oublierons pas une magistrature qu'on avait crue naguère incompatible avec la véritable bienfaisance. La police aujourd'hui ne croit plus être chargée de démoraliser les classes laborieuses ; elle abolit à la fin les encouragements à la débauche, à la paresse ; elle supprime ces humiliantes distributions de comestibles, qu'on jetait à la multitude éhontée ; elle supprime par-là les coups, les injures, les blasphèmes des misérables qui se disputaient la boisson et la pitance d'une vile libéralité : elle produit un bien plus durable en supprimant la mendicité, ce fléau du travail.

Nous éprouvons le besoin d'adresser à l'autorité d'autres remerciements, quand elle aura produit des réformes que nous osons solliciter.

Chaque soir, les théâtres, que la modicité des prix semble réserver plus particulièrement pour l'ouvrier, étalent en spectacle tous les raffinements du crime ; on y trouve une école périodique de démoralisation. Vainement, à

4*

la fin du drame , chaque malfaiteur est puni ;
les moyens méchaniques de vol , de fraude ,
d'évasion , de violence et de meurtre ne sont
pas moins enseignés; c'est la technologie des
forçats, expliquée par des exemples ! En suivant ces cours infâmes , parmi les hommes
du peuple, ceux qui détestent le travail y dé-
couvrent des secrets pour se procurer , sans
rien produire, de honteux moyens d'existence.
Ce n'est pas tout : les personnes qui n'ont pas
besoin de dérober pour subsister dans la paresse , ont besoin du moins de conserver des
mœurs douces et compatissantes ; or, le spectacle continuel du meurtre sous toutes les
formes , du sang humain versé sans motifs ,
avec raffinement, avec volupté, ces horreurs
dégoûtantes et prolongées émoussent dans les
cœurs la délicatesse et la douceur d'une tendre
pitié. Là , tout inspire le dédain de l'humanité,
et sollicite l'intérêt pour les malfaiteurs qui
l'outragent. Quelque jour j'aborderai ce ter-
rible sujet ; j'essaierai de sonder la profon-
deur du mal et d'énumérer la population dé-
moralisée par d'infâmes spectacles. En atten-
dant, implorons la generosité , l'équité , le
devoir d'une autorité dont les premiers actes
sont autant de bienfaits en faveur de la classe

ouvrière , pour qu'elle fasse disparaître des théâtres d'un peuple policé , l'enseignement du vol et de l'assassinat , et les excitations à la férocité, à la turpitude, à la dépravation.

Espérons aussi que bientôt nous pourrons signaler la reconnaissance profonde des amis de la classe industrieuse pour un autre bien-fait que nous avons ardemment sollicité : c'est l'abolition d'un jeu funeste aux hommes de métier , de la loterie, dont nous avons démon-tré , par le calcul, les fatales influences ; de la loterie , qui démoralise à la fois l'ouvrier, l'apprentif, le manœuvre et le domestique ; de la loterie , qui porte plus haut de plus larges blessures aux riches capitalistes. Ainsi , Mes-sieurs, dans Bordeaux , il y a peu de jours , le caissier d'un des plus riches armateurs a disparu, et, je crois, mis un terme à ses jours, pour avoir joué à la loterie jusqu'à cent mille francs, sur les fonds du négociant chez lequel il trouvait la plus honorable existence. C'est donc au nom de la classe ouvrière , au nom des manufacturiers , au nom des négociants, que nous continuerons à réclamer de toutes nos forces, l'abolition de tous ces jeux offi-ciels qui semblent légaliser la démoralisation.

Ainsi , nous chercherons tous les moyens

de faire avancer du même pas, et l'instruction, et le bien-être, et la moralité de la classe
ouvrière. Nous lui parlerons souvent de ses
devoirs, dont nous montrerons l'harmonie avec
ses intérêts bien entendus et sagement appréciés ; nous l'appellerons sans cesse à l'amour,
au respect de l'ordre, au sentiment de la
prudence, à toutes les vertus domestiques et
sociales sans lesquelles il n'est pas plus de supériorités durables pour l'industrie que pour
la politique.

Nous ne terminerons point cette séance
sans vous parler, suivant notre usage, des
progrès de vos émules dans les autres villes
de France. Vous connaissez les succès obtenus
dans les départements septentrionaux : succès
qui tiennent à l'instruction primaire, déjà
très-avancée dans ces départements. Ainsi que
nous l'avons déjà mentionné, nous avons visité, dans l'automne de 1828, vingt-cinq dé-
partemens de l'ouest, du sud et de l'est de la
France. Nous avions l'honorable mission de
distribuer aux professeurs, dans les ports mi-
litaires et du commerce, et dans les principales villes de l'intérieur, des encouragements
accordés par les ministres de la marine et
du commerce.

Nous avons pu juger par nous-mêmes des heureux résultats obtenus déjà dans un grand nombre de cités importantes. Dans plusieurs de ces villes, des jeunes gens qui siégeaient parmi vous comme simples élèves, sont devenus des maîtres et des maîtres pleins de zèle et de mérite. Estimés et appréciés, ils jouissent d'une existence heureuse et d'une juste considération : essayez de les imiter et nous nous empresserons de vous placer comme eux selon votre zèle et votre mérite. En d'autres villes ce sont les professeurs des colléges universitaires ou d'anciens élèves de l'École-Polytechnique, ingénieurs des travaux publics, qui consacrent généreusement au nouvel enseignement quelques-uns de leurs loisirs. L'année 1828 a vu cet enseignement s'établir dans plusieurs cités du midi. Dans quelques autres, par le départ des professeurs ou par diverses causes accidentelles les cours étaient interrompus ; nous avons procuré de nouveaux professeurs, nous nous sommes efforcé d'aplanir les obstacles, et l'enseignement a repris avec une ferveur nouvelle. En beaucoup de lieux, le public appréciait peu les bienfaits de cet enseignement, son véritable objet et ses conséquences fécondes. C'est à propager, à rectifier cette connaissance, que nous avons consacré nos explications, nos exhortations publiques et privées. Nous avons obtenu qu'on ouvrirait des cours pour l'application des sciences à l'industrie, dès cet hyver, à Grenoble, à Romans, à Lavaur, à Valence, à Auxerre. Bourges a commencé dès l'automne dernier. D'autres villes encore s'apprêtent à suivre cet exemple.

Nous sommes persuadé que la géométrie et la méchanique appliquées aux arts, lorsqu'elles ne sont point facilitées par l'étude du dessin géométrique, ne peuvent pas se graver durablement dans la mémoire. Nous avons donc demandé partout avec instance l'établissement de nouveaux cours, où fût enseigné le dessin géométrique appliqué successivement aux formes des produits d'industrie, aux formes des instruments et des machines. Les autorités municipales ont promis, en beaucoup de localités, d'accéder à nos demandes, et nous en témoignons ici notre vive reconnaissance.

Parmi les magistrats des grandes cités qui ont accueilli nos sollicitations avec le plus de bienveillance, qu'il nous soit permis de citer M. de Gironde, maire de Montauban,

M. de Chastellier, maire de Nismes, et M. de Montfaucon , maire d'Avignon ; tous trois zélés protecteurs de l'enseignement des classes industrieuses, tous trois fondateurs de plusieurs cours utiles et de collections importantes. Nous terminerons ce discours en vous donnant une idée du magnifique établissement d'Avignon.

Imaginez, Messieurs, dans un ancien couvent, consacré jadis à l'oisiveté la plus stupide, un enseignement primaire de lecture, d'écriture, et de calcul pour 600 enfants ; un enseignement du dessin de la figure , de l'ornément et du paysage, pour 200 cents jeunes gens ; un laboratoire avec un amphithéâtre pouvant contenir 150 auditeurs et destiné pour les cours de chimie , de géométrie et de méchanique appliquées aux arts ; une vaste salle pour plus de 60 sujets étudiant le dessin géométrique appliqué à l'arpentage , à la topographie , à l'architecture , à la coupe des pierres, à la charpente , à la construction des machines ; et cette salle , ouverte depuis le matin jusqu'au soir, pour recevoir les ouvriers à quelque heure du jour que leurs travaux leur laissent disponible. Ajoutez à ces cours un enseignement populaire de musique vocale, enseignement qui perfectionne les sens et contribue, comme l'avaient si bien reconnu les sages législateurs de l'antiquité, à l'adoucissement des mœurs; amélioration précieuse dans Avignon; enfin, Messieurs, pour compléter cet ensemble, une école spéciale de tissage d'étoffes en soie, école où les élèves apprennent le dessin des étoffes, c'est-à-dire la *mise en carte* : ces élèves travaillent ensuite sur des métiers, les tissus spéciaux dont la ville d'Avignon veut acquérir ou recouvrer la magnifique industrie. Je ne puis pas vous peindre le plaisir que j'éprouvais en visitant le vaste édifice où tant de moyens de répandre les plus utiles connaissances, sont préparés dans un ordre si parfait. Cet établissement, par ses heureuses conséquences, j'ose l'affirmer, changera la face de l'industrie dans le département de Vaucluse et dans les départements circonvoisins. Aussi, Messieurs, je n'hésite pas à placer M. le baron de Montfaucon, maire de la ville d'Avignon, parmi les bienfaiteurs du midi de la France, et c'est au nom de tous les amis de nos prospérités nationales, que je lui témoigne ici l'expression de la plus vive gratitude.

Espérons qu'un aussi bel exemple frap-

pera d'admiration les magistrats de nos cités, qui comptent pour quelque chose le bien-
être et l'instruction du peuple, et par suite
la félicité, la splendeur de la ville qu'ils ad-
ministrent.

Puissent, au récit des bienfaisants travaux
des maires de Montauban, de Nismes et d'A-
vignon, les maires des autres cités reconnaî-
tre qu'il y a quelque gloire à faire ainsi le
bien public! Nous nous empresserons de proclamer leurs noms et de recommander leurs
actes éclairés, à la reconnaissance de tous les
amis du pays. Si, parmi ces hommes publics,
il peut s'en trouver qui fuient à l'approche des
propagateurs de l'industrie et des sciences
qu'elle réclame, nous ne répondrons à leur
aversion qu'en essayant d'être utiles à leur
pays natal ; sans désespérer de les amener ,
avec l'aide du temps qui dissipe les préjugés
et calme les passions , à des idées plus équi-
tables, à des vues plus généreuses : ils fini-
ront par connaître et chérir leurs plus nobles
devoirs, et la France recueillera le bénéfice
de ce changement salutaire.

Oublions de tristes et rares exceptions,
pour rendre hommage à tant de magistrats,
à tant de manufacturiers, de commerçants,

de savants et d'artistes qui , dans les nombreux départements que nous venons de par-
courir , secondent avec ardeur les institutions
et les enseignements favorables aux clases laborieuses. Ils savent aujourd'hui qu'ils ont
un grand et noble intérêt dans les progrès de
l'esprit humain , non-seulement chez les classes supérieures de la société , mais jusquès
chez le modeste ouvrier qu'ils encouragent di-
gnement à s'élever au-dessus de lui-même par
l'exercice de la pensée , du jugement et de
l'imagination. Ces précieuses facultés vous
les développerez, vous les fortifierez surtout
par l'étude de la géométrie et de la méchanique appliquées aux arts.

FIN.